LE CHANSONNIER

JOYEUX

DU PALAIS ROYAL

DE L'IMPRIMERIE DE Mme Ve JEUNEHOMME,
RUE HAUTEFEUILLE, N° 20.

Ball de l'Opéra; baissez pavillon devant celui de Callot.

LE CHANSONNIER

JOYEUX

DU PALAIS ROYAL,

ou

Recueil de divers chansons, pot-pourri,
couplets tant bachiques que gaillards,
burlesques, comiques, satiriques, etc.

PUBLIÉ

PAR DES HABITUÉS DE CE PALAIS.

PARIS,

AUGUSTINS, N° 11.

—

1816.

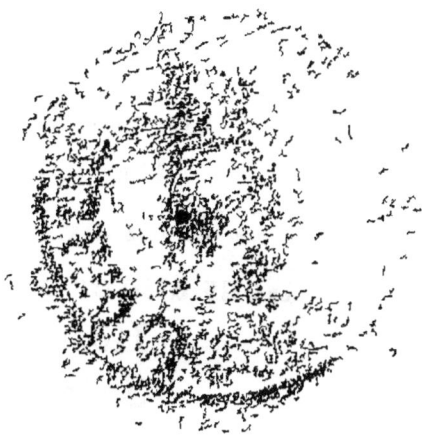

LE CHANSONNIER

JOYEUX

DU PALAIS ROYAL.

LE PALAIS ROYAL.

POT-POURRI.

Air : *Que l'amour du jour.*

A u palais Royal
On voit des belles -
Peu rebelles,
D'un air libéral,
Nous attirer par un signal.
Hortence
Se lance,
Et Constance
Se balance ;

Puis d'un air lutin,
Roule au jardin
Son palanquin.
Par un doux chit! chit!
Lise ou Julie,
Si jolie,
Chaque nuit
Conduit
Quelqu'un sans bruit
Dans son réduit.

Air : *Veut-on connaître de l'amour ?*

IL faut parcourir les caveaux.
Aux Variétés, l'harmonie
Accompagne des airs nouveaux :
On joue aussi la comédie.
L'orgue, les chœurs, les chants d'amour
De l'aimable et sensible *Achette* (1),
Font dire aux *échos d'alentour :*
De Vénus voici la cachette.

---

(1) Mademoiselle *Achette,* cantatrice au chœur
des Variétés.

Air : *Partant pour la Syrie.*

Au caveau du Sauvage,
Allez-vous voir *Ostot?* (1)
Le charbonnier s'engage (2)
A tromper maint rustaut.
Mayer (3) chante avec grâce ;
On l'applaudit toujours.
On y voit mainte grâce
Recruter les amours.

Air : *Gentille boulangère.*

C'est en vain que tu beugles,
Aristarque du temps,
Le café des Aveugles
T'offre encore des talens.
Eh! vive la musique!
Les nymphes du Perron,
En bravant ta critique,
A tes dépens riront.

---

(1) On connaît le talent de M. *Ostot*, pour accompagner la musique avec ses timbales.

(2) M. Montel contrefaisait l'auvergnat à s'y méprendre.

(3) Célèbre chanteur et bon musicien.

Air : *Femmes voulez-vous éprouver ?*

Au café *Borel*, *Blondelet* (1)
Représente l'Indien sauvage
Et le ventriloque, *qui fait.....*
Aller maints et maints personnages ;
Le *piano* charme nos sens ;
La blonde et jeune *Juliette* (2)
Inspire l'amour par ses chants ;
L'amour inspire la fillette,

Air : *Allant au bal dans notre rue.*

S'il s'agit d'amuser les dames
(Car il faut plaire à la beauté),
Je les mène au café Fitz-James,
Ce nom rappelle la gaieté.
En ventriloquant une scène,
Avec plaisir j'entends *Carlet* (3).
Ah ! quand le souvenir nous mène,
C'est que le souvenir nous plaît.

(1) L'Indien sauvage du café Borel, et qui tient
le même genre de ventriloque.

(2) Jeune et jolie chanteuse au même café.

(3) Le jeune Carlet, élève et successeur de
Fitz-James.

Air : *Vénus a donc quitté Cythère.*

Au café des Mille Colonnes,
Sans peine on reconnaît Vénus;
Dieu des plaisirs tu la couronnes
Avec les fleurs du dieu Plutus.
J'aime la beauté qui prospère;
Et je termine ce couplet
En chantant la limonadière
Du joli café du Bosquet.

Air : *Bouton de rose.*

A la Rotonde,
Je passe.... et comme un bon Français,
Je préfère, avec bien du monde,
Le joli café de la Paix,
A la Rotonde.

Air : *Des trembleurs.*

Au Restaurant du Grand-Ordre,
On a toujours de quoi mordre,
Et tous les mets en désordre

Sont dignes du grand Comus,
Malgré que la gourmandise,
Ainsi que la friandise,
Sont, par les lois de l'Église,
Des péchés très-défendus.

Air : *Réveillez-vous belle endormie.*

MES confrères,
De Véry frères,
J'aime le chef intelligent ;
La bonne chère
N'est pas chère
Quand on en a pour son argent.

Air : *Mon père était pot.*

VOULEZ-VOUS du vaste univers
Faire une ample revue ?
Voir le monde en cent lieux divers,
Sur plusieurs points de vue ?
Des villes, des champs,
Des palais charmans,
La noble architecture ?
Au *Cosmorama*
Vous voyez tout çà,
Mais ce n'est qu'en peinture.

Air : *Bonsoir la compagnie.*

RICHES, riez de l'indigent,
Et prodiguez tout votre argent
  En comptant des sornettes ;
Moi, chez Séraphin , chaque soir
Au palais Royal je vais voir
  Bien des marionnettes.

Air : *Lise épouse l'beau Germance.*

AMATEURS d'un sexe aimable,
En amours bien charitable,
En ce jour j'offre à vos yeux
Le vrai moyen d'être heureux ;
Les plaisirs et la folie
Trouvent asile toujours,
Près d'une femme jolie,
Dans le temple des Amours.

Air : *Dans les gardes françaises.*

  C'EST dans la capitale
  De nos légers Français,
  Que l'amour se signale
  Au gré de leurs souhaits ;

Une amoureuse joute
Fait naître les désirs;
Et l'or ouvre la route
Qui conduit aux plaisirs.

Air : *De la gaze.*

MAIS pour entrer chez ces Vénus,
Il faut, en invoquant Priape,
Avoir recours au dieu Plutus,
Sans quoi l'Amour ferme sa trape.
Par ce mot, j'entends le boudoir
Où la cour de Cupidon siége :
Là mille nymphes, chaque soir,
Prennent mille amans dans leurs piéges.

Air : *Un jour il est agriculteur.*

PEUT-ON résister aux attraits
De la beauté qui nous enchante,
Quand des Grâces elle a les traits,
De Psyché la taille élégante,
De l'Amour le regard fripon,
D'une vestale la parure,
De la mère de Cupidon
Et les charmes et la ceinture ?

Air : *Dans la paix et l'innocence.*

VOULEZ-vous de ces novices
Captiver le *tendre* cœur ;
De ces belles à caprices,
Voulez-vous être vainqueur?
Chez ces aimables coquettes
(Si vous convenez du prix),
Vous y ferez des conquêtes
Comme on en fait à Paris.

CADOT.

LE PETIT POÊLE DE L'AMOUR.

Air : *De la fontaine de l'amour.*

AMANS, pour braver les hivers,
Les frimas, les neiges, les glaces,
Le feu de Vénus et des Grâces
Brûle partout dans ce vaste univers.

Avec tous les cœurs qu'il consume,
Ce feu s'entretient nuit et jour :
C'est à quinze ans que l'on allume
Le petit poêle de l'amour.

Quand l'hiver fuit vient le printemps;
Sous un parasol de feuillage,
On voit sur l'herbette, à l'ombrage,
Le dieu des cœurs enflammer les amans.
En hiver, selon sa coutume,
Ce dieu nous brûle tour à tour;
Dans chaque saison il allume
Le petit poêle de l'amour.

Pour arriver toujours à temps
Dans l'asile heureux du mystère,
Suivez le chemin de Cythère,
Vous braverez les frimas, les hauts temps.
Pour ne pas attraper de rhume,
Jeunes gens, dans ce beau séjour,
Venez à l'instant qu'on allume
Le petit poêle de l'amour.

Jamais dans cet endroit charmant
La beauté ne fait la rebelle,
Et jamais avec une belle
Ce n'est en vain que se chauffe un amant.

Mais si le feu quelquefois fume,
C'est le vrai signal du retour,
Car dans ce moment on allume
Le petit poêle de l'amour.

Pour conserver ce feu divin
Qui ne brûle que dans Cythère,
Jeune berger, jeune bergère,
Vont deux à deux pour l'attiser soudain.
Le vieillard connaît l'amertume
Quand il se voit sur le retour;
Pour lui c'est en vain qu'on allume
Le petit poêle de l'amour.

Par le même.

L'HOTESSE COMPLAISANTE

Air : *Des fanfares de Saint-Cloud.*

Voulez-vous que je vous loge ?
Venez gentils voyageurs ;
Je puis dire, sans éloge,
Que mon gîte est des meilleurs.

Du plus clairvoyant, je brave
L'examen sans nul effroi ;
Du grenier jusqu'à la cave
Tout est bien propre chez moi.

Pour qui cherche une demeure,
La mienne a mille agrémens ;
Je puis offrir à toute heure
De jolis appartemens.
Veut-on avoir de la marge ?
Veut-on un petit endroit ?
Au premier l'on est au large,
Au second plus à l'étroit.

Pour contenter tout le monde,
On ne doit rien épargner ;
Aussi quand la foule abonde,
J'ai l'art de me retourner.
En hôtesse hospitalière,
L'on me voit assez souvent
Me loger sur le derrière,
Quand quelqu'un veut le devant.

~~~~~~~~~~~~~~~~~~~~~~~~~~~~~~~~

LA PLURALITÉ DES AMANS.

———

Air : *Réveillez-vous ; belle endormie.*

L'AIMABLE et galant Fontenelle
Avait certes beaucoup d'esprit ;
Mais pourtant maintes et maintes belles
Ignorent son meilleur écrit.

Les brunes ainsi que les blondes
Préfèrent toutes, dans ce temps,
A la pluralité des mondes,
La pluralité des amans.

M. B.

LE BOUQUET DE LUCAS.

Air : *Du petit matelot.*

L'AUT' jour Lucas trouva Colette
Assise au fond d'un vert bosquet.
Enchanté de l'y voir seulette,
Le drôle avait certain bouquet
Dont il prétendait de c'te belle
Décorer les tendres appas.
Grand merci, Lucas, lui dit-ellé,
Çà n'se peut pas, çà n'se peut pas.

Çà n'se peut pas ! Quelle est la cause
Qui vous fait tant r'fuser mes fleurs ?
Acceptez du moins c'bouton d'rose !
Admirez ces vives couleurs !
J'vas vous l'poser, pas vrai, Colette,
Dans vot' corset ?.... Oh non ! Lucas,
Votre magnière est indiscrète ;
Çà n'se peut pas, çà n'se peut pas.

Ma bonn' màman m'défend sans cèsse
De ne rien r'cevoir des garçons.
La vieill' sait ben où l'bât la blesse,
Colette, en t'prônant ses leçons.
Prends toujours, crois-moi, l'bouton d'rose;
Ton cœur je gag' te l'dit tout bas.
Lucas, y m'dit toute autre chose :
Çà n'se peut-pas, çà n'se peut pas.

Lucas, sans perdre patience,
T'nait toujours dans sa main c'bouquet
Dont fillette d'expérience
Préfère l'odeur au muguet :
Trop curieuse, la pouponne
Pour l' sentir s'approche un peu ;
L'odeur fait pâmer la friponne ;
L'amour à Lucas dit qu'çà s'peut.

Colas, qui n'était pas t'un' bête,
Profita de c't'heureux moment :
Il délassa soudain Colette,
Lui posa l'bouquet poliment.
La belle, au milieu du délire,
-Disait : Il m'embaume, Lucas ;
Bien folle qui s'amuse à dire :
Çà n'se peut pas, çà n'se peut pas.

M. C.

LE SÉJOUR DE CUPIDON.

Air : *Femmes voulez-vous éprouver ?*

Allant me promener un jour
Dans les domaines de Cythère,
Je vis, dans ce riant séjour,
Un joli bosquet solitaire :
Plus loin est un sentier oval ;
Sous une blanche couverture,
On voit un très-joli canal,
Construit des mains de la Nature.

On découvre dans le lointain
Une vallon entre deux montagnes ;
Ce vallon forme le chemin
De la plus belle des campagnes.
Dans ce pays délieux,
Une flamme secrète et pure,
Allume dans nos cœurs les feux
De l'amour et de la nature.

Dans le temple heureux des plaisirs,
On voit l'autel du sacrifice;
On sent mille secrets désirs
En parcourant cet édifice:
C'est l'asile du vrai bonheur;
Car l'hiver, malgré la froidure,
On sent une douce chaleur
Qui fait renaître la nature.

Un jeune amant, avec ardeur,
Vient-il y faire sa prière,
Sil trouve la porte du cœur,
Il veut l'ouvrir à sa manière:
S'il ne peut doucement l'ouvrir,
D'un coup, il force la serrure;
Il est payé par le plaisir
Au beau trésor de la nature.

Tous les jours on voit des époux,
Dans ce temple, en pélerinage;
es amans c'est le rendez-vous;
Aux plaisirs ils rendent hommage:
Quand le dieu souverain du cœur
Entr'ouvre la chapelle obscure,
Le pélerin avec ferveur
Adore la simple nature.

Mais quand c'est l'instant de sortir
De ce temple rempli de charmes,
Il pousse un languissant soupir,
Puis après il verse des larmes;
Il fait un effort impuissant
Pour faire encore une rupture;
En vain il invoque en sortant
Tous les secours de la nature.

Que l'univers chante l'amour;
Quoiqu'enfant il est notre père,
C'est lui qui nous donne le jour,
C'est son flambleau qui nous éclaire;
Quand dans le chemin du plaisir
Il met nos cœurs à la torture,
Il dévoile en nous le désir
Et les secrets de la nature.

DAPHNIS.

GRANDE COLÈRE

D'UNE ANCIENNE COQUETTE CONTRE LES HOMMES D'AUJOURD'HUI.

Air : *Oui, j'aime à boire, moi.*

Oui, les hommes sont tous,
    Au siècle où nous sommes,
Inconstans, trompeurs, jaloux ;
    Oh ! c'est bien là les hommes !
Feignant la sincérité,
    Avec beaucoup d'adresse,
Par un amour affecté
    On trompe sa maîtresse.
Oui, les hommes, etc.

En écoutant leurs discours,
    Une femme est dupée ;
En croyant à leurs amours,
    Elle est encor trompée.
Oui, les hommes, etc.

Pour obtenir des faveurs
  Qu'aucun d'eux ne mérite,
Ils affectent les douceurs
  D'un flatteur hypocrite.
  Oui, les hommes, etc.

Vous qui reçûtes des cieux,
  La simplesse en partage,
Craignez de vos amoureux
  Le perfide langage,
Car les hommes, etc.

Ils sont complaisans, soigneux,
  Avant le mariage ;
Un rien les rend ombrageux,
  Dès qu'ils sont en ménage.
Oui, les hommes, etc.

Fuyez le dieu séducteur
  Et fatal qui vous guide ;
L'amour est un imposteur
  Et l'amant un perfide ;
Car les hommes, etc.

Envoi de l'auteur.

Je dis (chantant ces couplets
   D'une femme en colère) :
C'est que le temps des attraits
   Pour elle fut naguère,
Car les hommes sont tous,
   Au siècle où nous sommes,
Aimables, polis et doux ;
   Voilà, voilà les hommes.

CADOT.

RÉPONSE A LA PRÉCÉDENTE,

OU LA PATTE DE VELOURS.

Air : *Pégase est un cheval.*

A femme n'est pas tant à plaindre,
'homme est trompé par sa douceur ;
lle séduit, elle sait feindre,
vec son air trop enchanteur.

Elle vous flatte, la traîtresse,
Par ses jeux et par ses discours :
C'est la chatte qui vous caresse
En faisant patte de velours.

Se déguisant avec finesse,
Sous le masque de la candeur ;
Pour tromper avec plus d'adresse,
Elle affecte de la pudeur.
Craignez de vous laisser surprendre,
Hommes crédules en amours ;
Un soupir, un rien vous fait rendre
Sous une patte de velours.

Si d'une femme qui vous flatte
Vous ne fuyez l'appas trompeur,
Du chat vous tombez sous la patte,
Il égratigne votre cœur ;
Vous ne pouvez plus vous défendre
Du ton flatteur de ses discours ;
Elle vous tient, il faut se rendre
Quand on fait patte de velours.

Combien d'époux sans être pères
Nourrissent de jolis enfans ;
Sans approfondir ce mystère,

Ils sont doux, tendres, complaisans ;
La femme, avec art et finesse,
Prodigue à son époux, toujours
Baisers charmans, pleins de tendresse,
En faisant patte de velours.

O vous ! qui trompez par vos charmes
Les hommes les plus inconstans,
C'est par vos ris ou par vos larmes
Que vous abusez vos amans ;
Vous jouissez dans l'espérance
De nous asservir pour toujours ;
Vous nous trompez en conscience,
En faisant patte de velours.

C.

LES PÉLERINES

OU LES COLLETS A LA MODE.

Air : *De la gaze.*

Amour, quand le sexe enchanteur
Dérobe à nos yeux tous ses charmes,
Pourquoi la rigide Pudeur
S'empare-t-elle de tes charmes ?
Quel est donc l'arrêt du destin
Qui la fait changer de doctrine ?
Par un collet de pélerin,
On reconnaît la pélerine.

En vain je cherche des appas
Qui s'offraient naguère à ma vue;
A présent nous ne voyons pas
La belle Vénus toute nue :
En vérité, cette pudeur

Est trop sévère et me chagrine,
Car le voile est souvent trompeur
Chez une belle pélerine.

Près d'une belle, en voyageant,
On apprend à devenir sa sage ;
Rien n'est plus beau pour un amant
Que d'aller en pélerinage ;
Dans la chapelle de l'amour
On gagne la grâce divine !
Allons visiter ce séjour
Avec gentille pélerine.

Melcour attend tout son bonheur
De la belle main de Rosine ;
Il brûle d'une vive ardeur
Pour tous les charmes qu'il devine.
Le premier jour de son hymen,
Cet époux que l'amour lutine,
En jouant voit tomber soudain
Ce que voilait la pélerine.

Sylvie a le regard flatteur ;
Mais à trente ans la repentance
S'associe avec la pudeur

Pour aller faire pénitence;
La belle cache des appas,
Que le temps chaque jour décline;
En soupirant, Sylvie, hélas!
A regret se fait pélerine.

En pélerinage, songeons
Que l'amour est de la partie;
Ainsi, mes amis, voyageons
avec gentille et douce amie.
Pour obtenir notre pardon,
Ne changeons jamais de doctrine :
Adressons-nous à Cupidon
Avec charmante pélerine.

DAPHNIS.

A VICTOIRE N***,

Que j'ai rencontrée un soir sous le Perron du palais Royal , figurant dans les chœurs des *chit-chit.*

Air : *L'hymen est un lien charmant.*

Me promenant sous le Perron ,
Je te vis , la chose est notoire,
En vrai lutin , belle Victoire,
Seule attaquer maint céladon. (*bis*)
Dans l'heureux printemps de ton âge
Profite mieux de ta beauté ,
La beauté n'est qu'un passage ;
Songe qu'on ne peut être sage
Quand les plaisirs , la volupté ,
Sont les compagnons du voyage,

BLAISE A PARIS,

OU LA RENCONTRE NOCTURNE.

Air : *Gai, gai, gai, mon officier.*

Cʜɪᴛ, chit, chit,
Viens mon petit ;
Viens, Adèle
T'appelle.
Chit, chit, chit,
Viens mon petit
Apprendre de l'esprit.
Tu seras à ton aise
Dans mon appartement ;
Monte mon petit Blaise,
Ici sur le devant.
Chit, chit, chit, etc.

Tu ne peux à ton âge,
Monter un escalier !
Te voilà tout en nage
Pour venir au premier.
Chit, chit, chit, etc.

Pour toi j'ouvre ma porte,
Voilà mon logement;
Si l'amour te transporte
Tu seras mon amant,
  Chit, chit, chit, etc.

Que le plaisir t'engage
Sous les lois de Cypris;
Je suis fidèle et sage
Comme on l'est à Paris.
  Chit, chit, chit, etc.

Sans écouter la belle,
Blaise fuit à grands pas;
En vain la jeune Adèle
Dit au rustaut tout bas:
  Chit, chit, chit,
  Viens mon petit;
  Viens, Adèle
  T'appelle.
  Chit, chit, chit,
  Viens mon petit,
 Apprendre de l'esprit.

~~~~~~

L'INCONSTANT.

Air : *D'un été.* (Contredanse de M. Rose.)

Comme Zéphire,
Aux belles
Infidèles,
Sachons jouir
Un moment du plaisir.
Je ne veux pas
Aimer toute ma vie ;
Mêmes appas
Ne me séduisent pas :
Si je combats
Ou Fanchette ou Sylvie,
Je dis tout bas :
Dans mes joyeux ébats,
Comme Zéphire, etc.

Qu'un œil fripon
M'appelle avec mystère,
Mon cœur répond :

Je ne suis point capon ;
  Anacréon ,
Vieux routier de Cythère ,
  Est mon patron.....
Vive un jeune tendron !
  Comme Zéphire , etc.

  Un jour Manon ,
Un autre jour Jeannette ,
  Et puis Ninon ,
Qui ne dit jamais non ;
  Lorsque Suzon
Me cherche avec Annette ,
  Chez Louison
Je cajole Lison....
  Comme Zéphire , etc.

  Le vieux Sylvain
Préférait à Lisbelle ,
  Ce jus divin
Qu'on ne boit pas en vain.
  L'amour malin ,
Qui guettait cette belle ,
  Menait Colin
Pour lui filer son lin.
  Comme Zéphire , etc.

Qu'un vieil époux
Toute la nuit sommeille ;
L'amour tout doux
Vient briser les verroux ;
Et du hibou,
Lorsque l'épouse veille,
Un jeune fou
Fait chanter le coucou.
    Comme Zéphire, etc.

Amis, buvons
Ce bon vin à nos belles :
Nous le devons
Puisque nous en avons ;
Surtout mentons,
Pour mieux être infidèles ;
Amis, chantons
L'amour sur tous les tons.
    Comme Zéphire,
    Aux belles
    Infidèles,
Sachons jouir
Un moment du plaisir.

DAPHNIS.

AVIS AUX JEUNES GENS

QUI FRÉQUENTENT LE PALAIS ROYAL.

Air : *De la petite Nanette.*

JEUNES GENS, du palais Royal
  Fuyez la troupe immonde;
Que du tendre amour le signal
  Vous guide dans ce monde.
De la vertu, de la beauté
  Suivez toujours les traces;
Vous trouverez la Volupté,
  Sur le chemin (*bis*) des Grâces.

4

LA PUCE QUI N'EST PAS A L'OREILLE,

OU LE CHIEN BIEN DRESSÉ.

Air : *De Nicolas.*

Depuis trop long-temps on chante
Les hauts faits de Nicolas ;
Et bien que l'air nous enchante,
Ma foi nous en sommes las.
Vous qu'ils ont fait rire aux éclats,
Quand nous célébrons les appas
D'une beauté peu méchante,
    N'écoutez pas.
   Sans vous retenir
   Allez applaudir,
   A n'en plus finir,
Les *Plancheurs* (1) ou *la Palisse ;* ça fait mourir.

---

(1) Chansons dont le public de Paris fut long-
temps engoué.

Une puce osait de Lise
Flétrir les secrets appas ;
Dans les plis de sa chemise
Elle ne la trouvait pas ;
La puce dérobait ses pas
En voltigeant du haut en bas :
D'amour elle prit l'église
    Pour ses ébats.
    Lise au désespoir
    Ote pour l'avoir
    Corset et mouchoir ;
Elle avait Colin près d'elle , sans le savoir.

Vous demandez , dame Berthe ,
Des *pourquoi*, puis des *comment* ;
Vous n'êtes donc guère experte ?
On le devine aisément.
Aux aguets toujours un amant
Profite d'un heureux moment ;
Il trouva la porte ouverte ,
    Assurément.
    Lise délassait
    Son joli corset ;
    Colin l'avisait :
Sans dire que c'était bien , ça lui plaisait.

Continuant sa poursuite,
Lise lève son jupon ;
Mais la puce, bien instruite,
Entre ses doigts fait faux-bond.
Si ton berger, ô ma Lizon !
Y met la main, il en répond.
Le grivois la met de suite ;
    Il la tient.... Bon !
    Colin, très-content,
    Disait en chantant :
    Fais-en donc autant ;
Je prendrais bien quatre puces dans un instant.

O combien Lise fut aise
De l'adresse de Colin !
Elle croit, ne vous déplaise,
Qu'il est l'enchanteur *Merlin;*
Avec un air un peu calin,
Il dressait un chien bien malin.
Qui prit la puce ? Est-ce Blaise
    Ou son carlin ?
    Ce carlin adroit
    Prend tout ce qu'il voit
    Qu'indique le doigt ;
Il sent de Paris à Rome, à ce qu'on croit.
                 M. C.

LES FILLES PRÉCOCES.

Air : *Des Visitandines.*

De nos jours, chez les demoiselles,
Grands dieux ! quelle précocité !
L'esprit est ouvert chez ces belles,
Bien avant sa maturité. (*bis.*)
Et vraiment ce serait merveille
Si jeune fille de quinze ans
Croyait encor que les enfans
Viennent au monde par l'oreille.

M. B.

LA COMPARAISON SINGULIÈRE.

Air : *Trouverez-vous un parlement ?*

A BIEN des choses, mes amis,
On a comparé les fillettes :
Le meilleur est, à mon avis,
De les comparer aux noisettes ;
Sans que rien soit à découvert,
Plus d'une au cœur est offensée,
Et l'on ne s'aperçoit du ver
Que quand la coquille est cassée.

M. B.

LES OREILLERS.

Air : *De la caverne.*

Le beau sexe m'applaudit
Quand je chante la *couchette;*
Cependant quelqu'un m'a dit,
(Ce quelqu'un (*bis*) c'est ma Fanchette):
Ton Apollon et ta muse
Sont de mauvais conseillers :
Si tu veux que l'on s'amuse,
Chante donc les *oreillers.*

Les oreillers sont toujours
Les secrets dépositaires
De ces précieux discours
Que loin d'eux (*bis*) on ne tient guère :
J'en excepte la fougère,
Où l'on peut, sans conseillers,
Endoctriner sa bergère
Comme sur les *oreillers.*

Les amans qui sont au pas,
En expédiens fertiles,
Quand quelque chose est trop bas,
Savent bien (*bis*) s'ils sont utiles.
D'amour la coupe est remplie
Sans témoins ni conseillers ;
Le plaisir se multiplie
A l'aide des *oreillers*.

Si par hasard un jaloux
Arrive pour nous surprendre,
La belle vous dit : Dessous,
Cache-toi (*bis*) sans plus attendre.
Prends toujours l'Amour pour guide,
Les Grâces pour conseillers ;
Au vieux coucou pour égide
Présente les *oreillers*.

M. C.

LES AGRÉMENS DU BOIS DE BOULOGNE.

Air : *Du vaudeville de Folie et Raison.*

Dans le bois de Boulogne,
La Nature, au printemps,
Nous met tous en besogne
Sur les gazons naissans. (*ter.*)
Flore y fait paraître à l'ombrage
Des parfums de mille couleurs;
Parmi l'herbe, sous le feuillage,
Que l'amour fait tomber de fleurs!!!
    Dans le bois, etc.

On voit aller la jeune Annette,
Sur la verdure, le matin,
Manger des œufs à la mouillette,
Pris au poulailler de Lubin.
    Dans le bois, etc.

Le dîner, au bois de Boulogne,
Au *Rannelagh* est apprêté;
On prend, pour boire le Bourgogne,
La coupe de la Volupté.
    Dans le bois, etc.

A Madrid (1), la Folie appelle
Pour y faire un petit repas;
Plus d'une fille, à *Bagatelle* (2),
En jouant fait plus d'un faux pas.
    Dans le bois, etc.

Du plaisir on aime les vagues:
Tournant sur les chevaux de bois,
Les amans enfilent les bagues
Avec leurs belles, quelquefois.
    Dans le bois, etc.

---

(1) A l'endroit où était autrefois le château de Madrid.

(2) Lieu de plaisance et promenade dans le bois de Boulogne.

On voit un essaim de fillettes,
Folâtrer près de leurs mamans.
L'amour qui les rend satisfaites
Leur montre des jeux innocens.
  Dans le bois, etc.

Plus loin, dans ce séjour champêtre,
S'amusent de jeunes garçons,
Grimpant sur le chêne et le hêtre,
Pour dénicher des.... hannetons.
  Dans le bois, etc.

Vers la brune on ouvre la danse;
On voit plus d'un jeune élégant
Faire walser la belle Hortense,
Qui toujours veut faire l'enfant.
  Dans le bois, etc.

En été, Lisette rassemble
A l'ombrage plusieurs tendrons;
Et sous les marroniers, ensemble
Ils ramassent quelques marrons.
  Dans le bois, etc.

Le ciel fit la mousse légère
Pour servir de siége aux amours,
Les fleurs pour parer la bergère,
Le gazon pour danser toujours.

    Dans le bois de Boulogne,
    La nature, au printemps,
    Nous met tous en besogne
    Sur les gazons naissans.

DAPHNIS.

LES RIDEAUX.

Air : *A voyager passant sa vie.*

LES oreillers, la couverture,
Les matelas, enfin le lit,
Sont des objets que la nature
De tous ses charmes embellit ;
Mais de crainte que la couchette
Ne rompe sous de tels fardeaux,
Pour cacher sa chute, Fanchette
Veut que je tire les *rideaux.* (*ter.*)

Je cède au vœu de mon amante,
Mais c'est contre ma volonté,
Car l'éclat d'un beau jour augmente
L'ivresse de la beauté.
La beauté, pour être adorée,
Doit quitter voiles et manteaux;
Quand Mars embrassait Cythérée,
Croit-on qu'il tirait les *rideaux ?* (*ter.*)

Je n'admets point ce vieil adage,
Qui dit que bien sentir c'est voir :
Un sens possède un avantage
Qu'un autre ne saurait avoir.
Nature, pour les yeux de l'homme
Tu créas des objets si beaux !
Vénus eût pu manquer la pomme
Si l'on eût tiré les *rideaux.* (*ter.*)

Mais la Pudeur, au front sévère,
D'un regard vient me corriger.
Qu'elle est belle ! je la révère ;
Non, je ne veux plus l'outrager.
Loin du jour les yeux de Fanchette

5

Seront mes uniques flambeaux.
J'ai tout vu, je puis en cachette
A présent tirer les *rideaux*. (*ter.*)

P. C.

LE TÉMOIN INNOCENT.

Air : *Quand l'Amour naquit à Cythère.*

Assis sur un lit de fougère,
Je vis un jour Lise et Lucas ;
En s'approchant de la bergère,
Le berger lui parlait tout bas.
Ne sais de quelle grande affaire
Lucas pouvait l'entretenir ;
Mais en écoutant ce mystère
Lisette ne fit que rougir. (*bis.*)

Puis au bord d'un ruisseau limpide
Ils vont s'asseoir sous un berceau.
J'approche, mais mon œil avide
Ne voit que leur ombre dans l'eau.

Ne sais, dans ce nouvel asile
Ce qui pouvait les tourmenter ;
Mais quoique l'eau restât tranquille
L'ombre ne fit que s'agiter (*bis.*)

J'entends parler sans rien comprendre ;
L'écho pourtant répond tout bas.
Dans l'espoir de mieux les entendre
Vers l'écho je porte mes pas.
Ne sais dans leur verte demeure
Ce qui put les désespérer ;
Mais pendant plus d'un grand quart d'heure
L'écho ne fit que soupirer. (*bis.*)

M***

LE JEU DE LUCAS.

Air : *Dans la paix et l'innocence.*

Dans l'asile du mystère,
On dit que le beau Lucas
Pressait la jeune Glicère

De guider toujours ses pas ;
En vain la belle soupire
En découvrant certain lieu.....
Monsieu, quoiqu'tout ça veut dire ?
Holà-là ! mon dieu ! mon dieu !

Pourquoi faire la sévère ?
Reprend aussitôt Lucas.
— Monsieu, que dira ma mère ?
— Glicère, on ne lui dit pas.
Avec l'aide de Zéphire
L'amant s'introduit un peu....
— Finissez, quoiqu'çà veut dire ?
Holà-là! mon dieu! mon dieu!

Tous les deux sur la fougère
Etaient couchés mollement ;
Les soupirs de la bergère
Enhardissaient son amant ;
La belle crie: Ah ! j'expire !
Lucas, finissez ce jeu, .
Je n'sais c'que tout ça veut dire ;
Holà-là.! mon dieu ! mon dieu !

Depuis qu'elle sait, la belle,
Ce jeu que je ne dis pas,
Elle est, dit-on, moins rebelle
Pour jouer avec Lucas.
Que ce jeu-là me fait rire,
Dit Glicère toute en feu;
Lucas, j'sais c'que ça veut dire;
Que d'plaisirs! mon dieu! mon dieu!

Tous les jours dans la prairie,
Glicère et Lucas, dit-on,
Vont sur l'herbette fleurie
S'amuser sur le gazon.
Glicère, par un sourire,
De Lucas reçoit l'aveu.....
Sans d'mander quoiqu'ça veut dire?
Holà-là! mon dieu! mon dieu!

CADOT.

CHANSON EN *IF* ET EN *ADE.*

Air : *De Molière à Lyon.*

En quoi ! te voilà bien tardif !
Que vois-je ? quelle estafilade !
Apprends-moi donc pour quel motif
Je vois sur toi cette estocade ?
Le cas est significatif,
Lorsque je vois sur ta façade,
La place d'un coup expressif
Près de ton nez faire parade.

Je voudrais voir le substantif
Qui te posas là cette œillade ;
Il connaît le démonstratif
Quand il donne la bâtonnade ;
Je le crois très-expéditif
Quand il s'agit d'une bourrade ;
Toi, je te crois assez actif
Pour débusquer de l'embuscade.

Non, ce n'est pas révocatif,
Du moins je me le persuade ;
Tu ne fus pas assez rétif
Pour résister à la gourmade :
Tu n'es ni léger ni massif,
Et cependant, cher camarade,
Tu finis par devenir vif
Pour te sauver d'une escalade.

Je te plains, en définitif,
D'avoir reçu cette passade ;
Par un effet rétroactif,
Si tu lui donne une ruade,
Prends garde au communicatif
Qu'attirerait ton algarade :
D'un poltron, le préservatif
C'est d'aller battre la chamade.

Le même.

IMPROMPTU

A MADEMOISELLE ANGÉLIQUE DE C***

Air : *Lise épouse l'beau Germance.*

J'AIME la brune Angélique
Et sa mine archangélique ;
Sous la forme d'un tendron,
C'est un très-joli démon !
En voyant son air aimable,
Les amans et les époux
Disent : Si c'est-là le diable,
En enfer nous irons tous.

DAPHNIS.

AVENTURE MERVEILLEUSE

ARRIVÉE L'HIVER DERNIER, SUR LE CANAL DE L'OURCQ, A UNE NYMPHE DU PALAIS ROYAL.

Air : *Au coin du feu.*

Dorimont et Fanchette
Vont se mettre en goguette
 Sur le canal.
Quand un traîneau les traîne,
C'est l'amour qui le mène
 Sur le canal. (*ter.*)

Déjà la populace
Se range et leur fait place
 Sur le canal.
Pour admirer leurs grâces,
En foule on suit leurs traces
 Sur le canal. (*ter.*)

Se croyant en *Zélande*,
En vrais patins d'*Hollande*,
    Sur le canal,
Dorimont plein de zèle
Précède sa donzelle,
    Sur le canal. (*ter.*)

Mais les feux de la belle
Font qu'alors il dégèle
    Sur le canal.
Le froid plancher s'entr'ouvre,
Et la glace la couvre
    Dans le canal. (*ter.*)

Dorimont en alarmes
Verse un torrent de larmes
    Sur le canal.
Sa douleur intestine
Jusqu'à *Pantin* patine
    Sur le canal. (*ter.*)

Là, pour une glacière,
Ainsi qu'à la rivière,
    Sur le canal ;

En perçant la surface
On enlevait la glace
    Sur le canal. (*ter.*)

Par ce trou..... quel prodige!
Quand Dorimont s'afflige
    Sur le canal,
Plus fraîche et plus charmante
Reparaît son amante
    Sur le canal. (*ter.*)

Dieu d'amour, quelle ivresse!
Quelle douce allégresse
    Sur le canal!
On croyait voir la mère
Sortant de l'onde amère,
    Sur le canal. (*ter.*)

Pour sécher sa ceinture
Et finir l'aventure
    Sur le canal,
Chez le traiteur Grégoire,
La déesse alla boire
    Près du canal. (*ter.*)

               P. C.

~~~~~~

CE QU'IL Y A DE PLUS BEAU DANS LE MARIAGE.

————

Air : *Que le sultan Saladin.*

Que bien tendrement épris
De sa charmante Chloris,
Un galant, qu'amour enflamme,
La prenne enfin pour sa femme
  Et bénisse son lien,
     C'est bien,
     Très-bien,
Mais quant à moi je soutiens
Que le plus beau du mariage,
    C'est le veuvage. (*bis.*)
            M. B.

A UNE DAME

Qui fouillait dans mes poches pour voir si je
recevais ou si j'écrivais des billets doux.

Air : *Dans le jardin de la vie.*

Chez moi, tu cherches, Florence,
Des lettres ou billets doux :
Si j'en écrivais, je pense
Que tu serais en couroux.
Crois-mois, je n'ai rien à craindre
Près d'un objet plein d'appas;
L'amant, loin d'écrire ou peindre,
Jette en moule dans ses bras.

Fi des poulèts d'une belle!
Je n'en veux pas recevoir ;
J'aime mieux aller chez elle,
Ou qu'elle vienne me voir.

6

Sans le secours d'une lettre,
Elle dit j'aime ; et soudain
Prenant feu je sais lui mettre
Ma réponse dans la main.

Bientôt mon cœur au sien touche !
Veut-elle s'y refuser ?
Un baiser pris sur sa bouche
M'autorise à tout oser ;
Alors j'agis sans rien dire.
Quand je fais mille envieux,
Ce qu'elle pourrait m'écrire,
Moi je le lis dans ses yeux.

De toi, lorsque je m'approche,
Je te vois furtivement
Mettre la main dans ma poche,
Et fouiller imprudemment ;
Tu trouveras anicroche ;
Prends garde qu'en cet instant
Nouvelle Eve on te reproche
D'avoir cherché le serpent.

Par respect pour la sagesse,
Je te dois cette leçon :
Tu me chatouilles sans cesse,

Je crains la démangeaison,
Sur moi quand ta main farfouille,
J'attends, d'abord consolé,
Que tu prennes la quenouille
Dont Adam nous a filés.

LE PRINTEMPS DE L'AMOUR.

Air nouveau.

Aux portes de Cythère,
J'ai vu le dieu des cœurs,
Pour séduire Glicère
Faire croître des fleurs. (*bis.*)
Amour fait une pause....
L'épine suit la rose ;
Joli printemps d'amour
Tu passas comme un jour.

Age de la jeunesse,
Tu n'as qu'un seul printemps ;
Un moment de tendresse
S'envole avec le temps.
Amour fait une pause, etc.

Telle une bergerette,
En sortant du hameau,
Qu'un jeune berger guette
Au pied d'un tendre ormeau.
Amour fait une pause , etc.

La coquette Sylvie
Riait de ses amans,
Sans penser que la vie
S'écoule à tous momens.
L'amour fait une pause , etc,

O vous ! jeunesse sage !
Profitez des beaux jours ;
Sachez que le bel âge
Ne dure pas toujours.
L'amour fait une pause....
L'épine suit la rose !....
Joli printemps d'amour ,
Tu passes comme un jour.

LA PALATINE.

Air : *De la gaze.*

Pour braver les cruels frimas,
Rosine reçut de sa mère
Un ornement pour ses appas
Que la pudeur persiste à taire ;
Mais Cupidon, toujours méchant,
Partout se faufile, et devine
Que la belle a pour ornement
Une superbe palatine.

Rosine, à l'âge de quinze ans,
Surpasse l'éclat de la rose ;
Chez elle on est dans le printemps ;
C'est un jardin qu'amour arrose ;
L'hiver refuse ses rigueurs
Aux charmans attraits de Rosine ;
Le secret d'enflammer les cœurs
Se trouve dans sa palatine.

C'est le talisman de l'amour,
De la beauté c'est la parure,
Du mystère c'est le séjour
Et l'ornement de la nature :
Ce n'est que ce léger duvet
Qui rend une femme divine ;
Et de Cupidon le secret
Se trouve dans sa palatine.

Eve, dans un séjour charmant,
Avait, dit-on, beaucoup de charmes ;
Et c'est pour cela que Satan
A la belle rendit les armes.
Je voudrais savoir cependant
Si, dans ce temps, comme Rosine,
Eve, pour plaire au père Adam,
Avait besoin de palatine.

O beautés ! filles de l'Amour,
Comme Vénus vous savez plaire,
Comme les Grâces, tour à tour
Ouvrez le temple de Cythère ;
En voyant vos charmans appas,

Aisément le cœur se lutine.....
Les admirant, on dit tout bas :
Ah! la charmante palatine!

DAPHNIS.

LE MITAN DE LOUISON.

Air : *De M. Denis.*

Sans pinceau et sans crayon
Je veux peindre Louison ;
Je veux la peindre en rimant,
 Souvenez-vous-en,
 Souvenez-vous-en ,
Et vous offrir son portrait,
Mais ressemblant trait pour trait.

Depuis le haut jusqu'en bas
Louise est pleine d'appas ;
Mais ce n'est qu'en son *mitan*,
 Souvenez-vous-en,
 Souvenez-vous-en,

Qu'on trouve un attrait charmant,
Le délice d'un amant.

Le *mitan* de Louison
De la nature est un don ;
Mais ce don est si puissant,
    Souvenez-vous-en,
    Souvenez-vous-en,
Qu'il nous mène bien souvent
Comme l'on mène un enfant.

Tout au fond de ce *mitan*
Est le plaisir le plus grand ;
On le trouve en tâtonnant,
    Souvenez-vous-en,
    Souvenez-vous-en,
Mais bien malheureusement,
Il passe comme le vent.

On s'en console aisément,
Vous allez savoir comment ;
Je le dirai franchement,
    Souvenez-vous-en,

Souvenez-vous-en ;
Eh bien ! ce n'est, mon enfant,
Ce n'est qu'en recommençant.

Ce milieu ou ce *mitan*
Est synonyme vraiment;
Il porte un nom différent,
    Souvenez-vous-en ,
    Souvenez-vous-en ;
Mais sans le nommer pourtant,
Tout le monde le comprend.

———————

LA PHILOSOPHIE DU CHANTEUR.

Air : *Des fraises.*

Ma boutique est en plein vent,
    Et rien ne m'épouvante;
Sans pain , sans pâte, pourtant ,
Lorsque je n'ai pas d'argent ,
    Je chante. (*ter.*)

Je fais croire à bien des gens,
    Par ma gaîté constante,
Que je passe bien mon temps;
Perdrais-je tous mes parens,
    Je chante. (*ter.*)

On me dit que j'ai trompé
    Jadis mainte innocente,
Hélas! j'en fus équipé!
A présent je suis hupé,
    Je chante. (*ter.*)

L'hymen un jour vint nouer
    Cette chaîne attrayante ;
Son joug sut m'amadouer,
Ne pouvant le secouer,
    Je chante. (*ter.*)

Maintenant, à la maison,
    Ma femme me tourmente ;
Moi, n'étant pas un oison,
'Pour la mettre à la raison,
    Je chante. (*ter.*)

A quoi sert d'être attristé ;
    Ayons l'ame contente,
Et conservant ma gaîté,
Pour chasser la pauvreté,
    Je chante. (*ter.*)

Ma femme est, je le vois bien,
    Une femme excellente ;
Tous les ans voyant combien
'Elle fait valoir son bien,
    Je chante. (*ter.*)

Mes enfans, soir et matin
   (Cela m'impatiente)
Me disent : Papa, du pain ;
Moi, morbleu ! lorsque j'ai faim,
   Je chante. (*ter.*)

Si chez moi des créanciers ,
   La foule se présente
Avec deux ou trois huissiers,
Pour payer ces tracassiers,
   Je chante (*ter.*)

Quand la mort viendra chez moi
   Comme une extravagante,
Je lui dirai sans effroi :
Me soumettant à ta loi ,
   Je chante. (*ter.*)

                         J. L. C.

CHANSON BACHIQUE.

Air : *Aimable gaîté du vieux temps,*
où Mon père était pot.

CHANTONS Bacchus, chantons l'amour !
  Amis, sur la bouteille,
Jurons que la nuit et le jour
  Cette liqueur vermeille,
    Sortant du tonneau,
    Dans notre cerveau,
  Fera le diable à quatre :
    Enfans de Bacchus,
    Enfans de Vénus,
  Il n'en faut rien rabattre.

O Bacchus ! ô dieu des buveurs !
  Reçois mon juste hommage !
Bacchus, sur toutes les liqueurs,
  La tienne a l'avantage :

7

Chantons nuit et jour
Bacchus et l'amour.
Chassons l'humeur maussade ;
Et le verre en main,
Pour nous mettre en train,
Buvons une rasade.

Un buveur est toujours heureux ;
Il nargue la tristesse ;
Le vin rend l'homme vigoureux
Bien plus que la sagesse ;
Buvons, mes amis,
Chassons les soucis,
Car le jus de la treille
Bannit le chagrin ;
Vive le bon vin !
Amis, buvons bouteille.

Boire, chanter, rire et danser,
Voilà notre existence ;
Si le vin, pour nous égayer,
Vient nous mettre en cadence,
Bientôt à son tour
Arrive l'Amour

Pour faire une conquête;
Le vin, la gaîté
Et la volupté
Terminent cette fête.

Cadot.

L'ENTRÉE DANS LE MONDE.

Air : *Ce mouchoir, belle Raimonde*, ou
De la petite Cendrillon.

Je voudrais bien me produire,
Disait le jeune Lindor;
Vous daignerez me conduire,
Je suis si novice encor!
Comme vous, lui dit Raimonde,
Lorsque l'on est fait au tour,
Il faut entrer dans le monde
Par le canal de l'amour.

Commencez par vous défaire
De votre timidité;
Il vous faut, à l'art de plaire,

Joindre la témérité :
L'audace en amour seconde
Quand on sait saisir l'instant ;
Et l'on entre dans le monde
En le brusquant poliment.

Lindor, que cet avis touche ,
De Raimonde prend la main ;
Puis, sans y porter la bouche ,
Il la relâche soudain.
Qu'avez-vous ? lui dit Raimonde ,
Dans vos yeux quel embarras !
Mais en regardant le monde ,
Dans le monde on n'entre pas.

Lindor se rassure ; il ose
Découvrir un joli sein :
Satisfait d'y voir la rose ,
Il borne là son larcin.
Quoi donc ! dit encor Raimonde ,
Qui vous arrête en chemin ?
Et pour entrer dans le monde
Faut-il vous donner la main ?

C'était la belle Raimonde
Qui disait avec dédain ,
Ne dérangez pas le monde ,
Quand on voulait voir son sein ;
Mais aujourd'hui cette blonde ,
Avec Lindor peut juger,
Que pour entrer dans le monde
Il faut bien le déranger.

M. C.

～～～～～～～～～～～～～～～～～～～～

LA COUCHETTE.

———

Air : *Du confrère Bonaventure.*

Un auteur a chanté le lit,
 L'autre la couverture ;
Avec plaisir toujours on lit
 Une heureuse aventure ;
Mais quand j'admire les appas
 De l'aimable *Fanchette*,
Mes amis ne pourrais-je pas
 Célébrer sa *couchette ?*

ᴇ̱ɪ̱ᴇ est, je le dis sans mentir,
   Le domaine des Grâces ;
On n'y voit point le repentir
   S'y glisser sur leurs traces ;
Et quand l'Amour voit ses désirs
   , Couronnés par *Fanchette*,
Seulement le poids des plaisirs
   Fait gémir la *couchette*.

   L'inquiétude et les ennuis,
   Le noir dieu du mensonge
N'y troublent point les douces nuits
   Par de funestes songes ;
L'Amour seul préside au réveil
   De l'aimable *Fanchette* ,
Et fait succéder au sommeil
   , Le bruit de la *couchette*.

Elle est l'horloge du berger
   Pendant le grand mystère ,
Quand l'Amour ouvre le verger
   Du temple de Cythère ;
S'il compte les exploits charmans
   De l'amant de *Fanchette* ,
C'est par les applaudissemens
   Que donne la *couchette*.

Combien ce meuble est précieux!
  Qu'il plaît à la tendresse ;
Il est le marche-pied des cieux,
  Le trône de l'ivresse :
L'unique musée ou Cypris,
  Sous les traits de *Fanchette*,
Aux savans accorde des prix,
  Amis, c'est la *couchette*.

P. C.

LES EFFETS DE LA JALOUSIE,

OU LE DUEL DE LA RAPÉE.

Air : *Connaissez-vous l'histoire entière?*

Vous n'savez pas la scèn' targique
Fait'par Jean-Louis *Mousseux* à *Véronique?*
On en jabot'ra p'us d'un jour.
Ah! mes amis, queu qu'c'est qu' l'amour ?

J'étions dimanché à la Râpée,
Et j'dis, du cabaret la p'us hupée;
Pognet d'fer était z'avec nous,
Et j'navions encor bu qu'six coups.

J'allions b'entôt nous mettre en danse,
Fier comme un croc qui pend, *Mousseux*
                                   s'avance;
Y m'dit : Mam'sel' c'est zavec moi.
J'réponds : *Jean-L'uis*, dit nous pourquoi.

C'est qu'vous êt' ma femme, *Véronique*.
Quand tout l'mond' connaît ça, y a pas
                                   d'réplique.
Et toi, faut m'la céder, malin,
Ou j'allons marcher sus l'terrain.

Vous la céder, monsieur *d'la Mousse*,
Dit *Pognet d'fer*, ému, qu'la colèr' pousse;
Avec moi z-alle a passé l'pas,
Et j'défendrai tous ses appas.

Drait comme un estalon qui s'cab'e,
Jean-L'uis voulait z-aller chercher son
                                   sab',

Pognet.d'fer l'y dit : Ce n'est pas ça ;
R'par'moi c't'atout, z-ou t'es mort là.

D'côté z-et d'aut', ah ! queu courage !
La jalousi', l'amour, z-avec la rage ;
En deux parts soul'vions tout l'enfer,
Pour *Mousseux* et pour *Pognet d'fer*.

Sans s'amuser z-à la moutarde,
L'marchand d'vin criait z-au s'cours ! à la
garde !
Les femm' pleuraient z-en s'enfuyant,
C'était z-un pestacle effrayant.

Les deux *scorpions* (1) frapp' sans dir' gare ;
La victoire à la fin pourtant s'déclare :
Poignet d'fer avait l'œil crévé,
Mais *Jean-L'uis* dormait sus l'pavé.

Mes biaux jours changés en nuits somb'es ;
Déjà d'mes deux amans n'm'off' p'us qu'les
omb'es ;

---

(1) Pour champions.

Car l'un dans l'combat *trépassi*,
Et z-on dit qu'l'aut' s'ra raccourci.

M. C.

~~~~~~~~~~~~~~~~~~~~~~~~~~~~~~~~~~

LE NOUVEAU LANLA.

———

Dᴇ la bergère que j'aime ,
Je veux chanter les attraits ;
Elle efface Vénus même ,
Et l'Amour trempe ses traits
  Dans son lan la
  Landerirette,
  Dans son lan la
  Landerira.

Dans ses yeux brillans de flammes,
Il allume son flambeau ;
Pour mieux subjuguer nos ames ,
Il a choisi pour berceau
  Son beau lan la, etc.

Lorsque sa bouche de roses
Offre un baiser à l'Amour,
Ces belles lèvres mi-closes
Semblent m'offrir le contour
    De son lan la , etc.

Quand sur deux globes d'albâtre
L'œil médite un doux larcin ,
La main légère et folâtre
Voudrait voler de son sein
    A son lan la , etc.

Le soi-disant premier homme
En connaissait-il le prix ?
Non ; car au lieu d'une pomme ,
De son Eve il aurait-pris
    Le beau lan la , etc.

Pourquoi lui chercher querelle ?
Il le fit , certainement.
Lui seul, pour tenter sa belle ,
Introduisit le serpent
    Dans son lan la, etc.

Ce coup fut l'œuvre du diable ;
Et malgré cela je dis :
Adam fut-il si coupable
En troquant le paradis
    Contre un lan la ? etc.

L'immortalité des hommes
Se perdit depuis ce jour ;
Mais, à l'aspect de deux pommes,
On aime à mourir d'amour
    Dans un lan la,
    Landerirette,
    Dans un lan la
    Landerira.

            SYLVANDRE.

LE BEAU DIMANCHE

DE LA FÊTE DE SAINT-CLOUD.

Air : *O mon Dieu ! qu'est-c'qu'on dira ?*

CADET, mèn' moi z'à Saint-Cloud,
Pour le beau dimanche d'la fête ;
Tu n'voudrais pas, mon bijou,
Désobliger ta p'tit' Jeannette,
Envers toi j'nai pas d'*vouloirs ;*
J'ai savonné nos mouchoirs,
J'ai blanchi ta paire d'bas noirs,
Et ta ch'mis' grise est blanche :
Tu pourras t'pomponner dimanche.

C'est curieux d'voir les *badauts,*
Avec leux habits des grand'fêtes,
A pied ou ben en bateaux,
Et pis d'aut's qu'on roule en charrette.

J'aim'rais mieux êlr' dans l'*sapin ;*
Et toi, qui n'es pas *clanpin,*
Su' l'devant tu s'rais en lapin :
Malgré qu'on n'soit pas fière,
En voiture on fait d'la poussière.

Comm' ben du monde j'ferons
Pour ménager notr' dépense ;
Avec nous j'emporterons
A Saint-Cloud d'quoi faire bombance ;
Et pour dîner, sans façon,
J'ferai l'emplett' d'un saucisson ;
Toi, tu m'régaleras d'un dindon :
Cadet, je f'rons ripaille ;
C'est toi qui port'ras la volaille.

Tu m'pay'ras un mirliton
Pour m'amuser dans l'bois d' Boulogne ;
Et tous deux sur le même ton
J'remplirons la même besogne.
Mon petit Cadet, que veux-tu ?
J'aime un beau *turlututu.*
C'empêch'-t'y d'avoir de la vertu,
Parc'qu'on se met z'en goguette
A Saint-Cloud ou z'à la guinguette ?

J. L. C.

LA BELLE PATISSIÈRE

DU FAUBOURG SAINT-GERMAIN.

Air : *Trahit l'incognito.*

Le dieu d'amour, de cette capitale
  Parcourant les quartiers divers,
  De tous côtés ce dieu signale
  Les feux qui brûlent l'univers, (*bis.*)
Et le malin nous conduit à Cythère
  Par le joli petit chemin
  Qui mène chez la pâtissière
    Du faubourg Saint-Germain. (*bis.*)

Passant un soir, le voilà qui s'arrête
  Près de la nouvelle beauté ;
  On dit même qu'il fit emplette
  Chez elle d'un petit pâté :
Je vais, dit-il, le porter à ma mère ;
  Je viendrai le payer demain.
  Va, dit l'aimable pâtissière
    Du faubourg Saint-Germain. (*bis.*)

Le lendemain, sans argent dans sa poche
    (Car l'Amour n'en porte jamais),
    Il revient prendre une brioche,
    Avec quelques colifichets.   (*bis.*)
Tu peux prendre dans ma boutique entière
    Ce qui tombera sous ta main,
    Lui dit l'aimable pâtissière
        Du faubourg Saint-Germain. (*bis.*)

Voilà l'Amour dans la pâtisserie ;
    C'est un commerce qui lui plaît,
    Puisqu'il plaît à femme jolie
    Dans un biscuit lâcher un trait. (*bis.*)
De cet état il connaît la manière
    Pour flatter votre goût soudain,
    C'est chez l'aimable pâtissière
        Du faubourg Saint-Germain. (*bis*)

Tout est charmant dans sa belle boutique.
    Elle a le plus joli des fours ;
    Et les Plaisirs, pour la pratique,
    Le chauffent, dit-on, tous les jours.
                (*bis.*)

Mais sans l'Amour le feu n'y brûle guère ;
   Quelquefois celui de l'Hymen
   S'allume chez la pâtissière
      Du faubourg Saint-Germain.(*bis.*)

Le papillon inconstant et volage
   Nous trace à chaque instant du jour,
   Du changement la douce image
   Sous le nom charmant de l'Amour. *bis.*
Etre inconstant nous semble nécessaire ;
   Pour suivre l'arrêt du Destin ,
   Chantons l'aimable pâtissière
      Du faubourg Saint-Germain. (*bis.*)

          Par le même.

L'ÉPOUSE ABANDONNÉE.

ROMANCE.

Air : *Il faut donc partir de ces lieux.*

Déja l'astre éclatant du jour
Va recommencer sa carrière ;
Il n'est point encor de retour !
Mon enfant, tu n'as plus de père ! ! !
Moi qui lui connaissais, hélas !
Un cœur sensible, une ame pure,
Se peut-il qu'il n'entende pas
Le cri plaintif de la nature !

Le cruel ne reviendra plus !
Il abandonne son amie ;
Et mes chagrins sont superflus !
Toi seul me retiens à la vie,
Pauvre innocent ! ton père, hélas !
Est infidèle, ingrat, parjure !
Nos cris il ne les entend pas,
Plus que la voix de la nature ;

Tu me souris, jeune innocent ;
Tes yeux en vain cherchent ton père ;
Mais le cruel, mais l'inconstant
Abandonne ta pauvre mère.
Non content de ma peine, hélas !
Il joint l'outrage à l'imposture :
C'en est fait, il n'écoute pas
Le cri perçant de la nature.

Quelle que soit l'horreur de mon sort,
Tu me reste ; je suis contente
De pouvoir t'embrasser encor
Et guider ta marche tremblante.
Je t'aimerai jusqu'au trépas
D'une amitié sensible et pure ;
Viens, ô mon fils ! viens dans mes bras ;
Ils sont ouverts à la nature.

CABOT.

~~~~~~~~~~~~~~~~~~~~~~~~~~~~~~~~~~~~~

LES COIFFURES A LA CHINOISE

CHANSON POISSARDE.

Air : *De la gripette.*

Si tu veux plaire à ton amant,
Ma *Goton* coiff'-toi z'à la mode,
Tu n' dois pas ignorer comment
C'te coiffure z'est si commode.
    Fris'-toi, ma p'tit' Goton,
      Sans m'chercher noise,
      A la chinoise,
    Fris'-toi, ma p'tit' Goton,
      A la chinoise,
        C'est l'bon ton.

Pour que j' te fass' ce p'tit présent
Goton y faut m'êtr' à l'épreuve ;
Quand j'dis que c'est la mode à présent
C'est que j' veux t'en donner la preuve.
    Fris'-toi, etc.

Lundi dernier, *Aux-deux-Moulins*,
Coiffée en chinoise, Javotte,
S' faisait voir à tous les malins
Quand ell' dansait z'une gavotte.
     Fris'-toi, etc.

La hott' sur l' dos au cabaret,
J' vis entrer dans la ru' Cloch'-Perche,
En chinois' la fille à Crochet,
R'venant du comité de r'cherche.
     Fris'-toi, etc.

L' pèr' Crochet est un chiffonnier,
Qui connaît tous les tas d'ordures,
Un jour en vidant son panier
Il trouvit deux d' ces bell's coiffures.
     Fris'-toi, etc.

J' t'en présente une avec plaisir,
R'çois-la sans faire la grimace,
Tu s'ra coiffée à mon loisir,
A mes yeux tu seras t' un' grace.
     Fris'-toi, etc.

Queuqu' jour, à la chaussé' d'Antin,
Où c' que les modes sont parfaites,
J'irons tous deux un biau matin
Pour voir comme on coiffe les têtes.
     Fris'-toi, etc.

Prends leçon z'au palais Royal,
C'est là que la mode est commode ;
Coiff'-toi, coiff'-moi, ça m'est égal,
Aujourd'hui puisque c'est l a mode.
     Coiff'-toi, ma p'tit' Goton,
      Sans m' chercher noise,
       A la chinoise,
     Coiff'-toi, ma p'tit' Goton,
      A la chinoise,
       C'est l' bon ton.
             J. L. C.

~~~~~~

RETOUR DE DAPHNIS AU HAMEAU.

———

Air : *Lise épouse l' beau Gernance.*

Quand la discorde en furie
A fui de la bergerie,
Et que la douce amitié,
Est avec nous de moitié,
Daphnis reprend sa houlette,
Gaîment revient au hameau,
Chercher ici l'amusette
Et son petit chalumeau.

Quand Sylène sur son âne
Chasse l'affreuse chicane,
Et que les Caméléons
N'habitent plus vos vallons,
Daphnis reprend la houlette, etc.

Quand cette gaîté chérie
Règne dans la bergerie ;

Quand on verse du vin vieux,
En dépit des envieux,
Daphnis reprend sa houlette, etc.

Quand les enfans de Grégoire,
Viennent ici rire et boire
En chantant quelques chansons,
Au tin tin de ces flacons,
Daphnis reprend sa houlette, etc.

Avec vous buvant naguère,
Aux brocs nous faisions la guerre ;
Aujourd'hui que dans vos chants
Vous la faites aux méchans,
Daphnis reprend sa houlette,
Gaîment revient au hameau,
Chercher ici l'amusette
Et son petit chalumeau.

DAPHNIS.

LES BOSSES DE L'AMOUR.

Air : *Du pas de charge.*

Inspiré par le dieu des fous,
  Sans doute un jour de noces,
Un auteur a chanté les trous,
  Moi je chante les *bosses :*
Non ces *bosses* dont Luxembourg (1)
  Possédait, jadis, une ;
Mais ces *bosses* qui de l'amour
  Font toute la fortune.

Mes *bosses* sont ces monts jolis
  Où le dieu du mystère
Se tient pour montrer à Tyrcis
  Le chemin de Cythère.

---

(1) Le célèbre maréchal de Luxembourg,
vainqueur à *Fleurus* et à *Steinkerque*, était bossu.

9

Bosse, qui couvre le verger
    Où le plaisir demeure,
Reçois l'hommage du berger.
    Dont son doigt marque l'heure.

Bosses, qui de *Callypiga* (1)
    Firent la renommée,
La *Camargo* (2) vous posséda,
    Aussi fut-elle aimée!
Au beau sexe votre contour
    Assure la victoire.
Belles *bosses* de *Pompadour* (3)
    Vous avez fait la gloire.

Charmantes *bosses* qu'à *Paris*
    Vénus découvrit toutes,
Du bonheur à mes yeux épris
    Vous indiquez les routes!

---

(1) Callypiga était une belle athénienne qui servit de modèle à la Vénus de Praxitelle, sur-nommée *Vénus aux belles fesses.*

(2) Célèbre actrice, dont l'abbé de Grécourt célébra le beau ......

(3) Favorite de Louis XV.

Quand Cupidon dit un seul mot,
　Laissant là tout négoce,
Le sage, aussi bien que le sot,
　Vient donner dans la *bosse*.

M. C.

LE TRIOMPHE DU MARDI GRAS.

Air : *De Calpigi*.

C'EST en vain que le sage gronde;
A l'entour d'une table ronde,
En vidant les pots et les plats,
Amis, chantons le *mardi gras !*
Tout bon chrétien qui veut bien vivre,
Le mercredi se couchant ivre,
Doit chanter, jusque dans les draps,
Vive, vive le *mardi gras !* (*bis.*)

Quand nous serons parmi les ombres,
Je crois que sous ces voûtes sombres
Pluton ne nous donnera pas
La dinde fine au *mardi gras*.

Ce dieu, sur l'infernale rive,
Ne fréquentant ame qui vive,
Ne fait jamais, dans ses états,
Chanter vive le *mardi gras*. (*bis.*)

Pourtant au séjour du tonnerre,
On boit le nectar à plein verre ;
Jupiter donne un grand repas
Pour célébrer le *mardi gras*.
Lorsque Comus à la Folie
Présente la douce ambrosie,
Junon, laissant voir ses appas,
Chante vive le *mardi gras*. (*bis.*)

Bacchus et l'enfant de Cythère,
Des cieux descendent sur la terre ;
Vénus et le dieu des combats
Ensemble font le *mardi gras*.
Des Jeux, les Ris suivant les traces,
Au bal conduisent les trois Grâces ;
Therpsicore, en marquant leurs pas,
Chante vive le *mardi gras*. (*bis.*)

Amis, buvons au sexe aimable
Qui doit, au sortir de table,

Nous recevoir entre ses bras
Pour couronner le *mardi gras :*
Cédons à ses douces amorces ;
Buvons pour augmenter nos forces ;
Et dans nos amoureux ébats
Chantons *vive le mardi gras.* (*bis.*)

Pierre COLAU.

LA MASURE DE LA MÈRE SIMON.

Air : *De la béquille du père Barnabas.*

J'AVAIS presque vingt ans
Et gentille figure,
Qu'une vieille sans dents,
Et sans progéniture,
Me dit : Ah ! sans fracture,
Ne pourrais-tu, mignon,
Entrer dans la masure
De la mère Simon ?

Quoi! dis-je à la maman
A blanche chevelure,
Vous voulez un amant
Avec certaine allure ?
— « Pourquoi pas? Je suis pure
Et sans prétention ;
Ouvre un peu la masure
De la mère Simon.

« Etant jeune, jadis
J'aimais, et sans mesure,
Les abbés étourdis
Qui portaient la tonsure ;
A présent, chose sûre,
Chasseur, hussard, dragon,
Entrent dans la masure
De la mère Simon.

Dans l'île de Cypris,
A ce que l'on assure,
Elle obtient plus d'un prix ;
Or on doit en conclure
Que le divin Mercure,
Moins dieu qu'il n'est démon,
Visita la masure
De la mère Simon.

Vieux soldat de Vénus,
Avec ou sans blessure,
Vrais enfans de Momus,
Qui bravez la censure,
Il faut, je vous l'assure,
Pour être du bon ton,
Entrer dans la masure
De la mère Simon.

Nous irons chez Pluton
Sans cheval ni voiture ;
A notre ami Caron
Nous paierons sans usure.
Au diable l'encolure
De la vieille Alecton.......
J'aime mieux la masure
De la mère Simon.

CADOT.

GRANDE DÉCLARATION DE GUERRE

DE MANON CREUSE.

Bataille livrée et gagnée par Marie-Jeanne. —
Armistice conclu entre les puissances belligé-
rantes.

———

Air : *Reçois dans ton galetas.*

T'as donc pris mon *Jolicœur*,
Dis donc, mam'sel' Maré-Jeanne?
Va, carogn', j'allons d'bon cœur
A coups d'poings tanner ta piau d'âne;
Après, j'dirons : V'là qu'nous v'là,
Et j'varrons si tu z-es bonn'là.

Air : *Ton humeur est, Catherine.*

Comm'ça, ma pauvre commère,
J'crais b'en qu'ça n' s'arang'ra point;
J'ons déjà tapé ta mère,
La fille aura son appoint.

De ta figure pâle et blême
J'allons dessiner l'zattraits ;
Et p'is d'zatous sus l'batême
F'rons bis avec les soufflets.

Air : *Reçois dans ton galetas.*

Quoi ! la cateau n'a pas peur !
Elle a b'en l'front d'eun' voleuse.
J'te vas monter z'eun' couleur,
Et j'te trépan', foi d'*Manon Creuse.*
J'te mets quartier par quartier,
Ou tu m'rendras mon guernadier.

Air : *Ton humeur est, Catherine.*

Ma belle, avec la *Saintonge*,
Va, j'te rendrai b'en *l'Poitou :*
Tu vas voir comm' ça s'alonge.
Pan..... v'la mon premier zatou.
Sus l'pavé j'n'aim' pas qu'on roule ;
Ramass' ta viande, align'-toi ;
Mais déjà tu perds la boule.
Eh b'en ! Manon , c'est qu'c'est moi

Air : *Reçois dans ton galetas.*

Y à mon s'cours! j' s'is à bas!
Y à la garde! on m'assassine!
Mais, *jour de Dieu!* n'approch' pas;
Car quien, c'pavé que j'déracine,
Peut b'en m'servir au besoin,
Et j'vas t'en aplatir l'groin.

Air : *Ton humeur est, Catherine.*

MAIS r'gardez donc c'te pécore,
Quand alle est morte à moquié,
Qui vous fait des m'nac's encore.
Ah! ça n'fait-y pas piquié?
D'êtr' vaincue on sait qu'tendêve;
Et b'en qu'ça t'sarve d'leçon :
Viens, ma cadett', que j'te r'lève,
Et j'vas payer z-un poisson.

P. C.

LA MUSETTE DE GUILLOT.

Air : *J'étais bon chasseur autrefois.*

Avec Guillot Lison dansait
Sur l'herbe, au son de la musette ;
Zéphir de son souffle agitait
La jupe de la bergerette.
Servant de portique à l'Amour,
Soudain deux colonnes d'albâtre
Indiquent le charmant séjour
De ce dieu qui toujours folâtre.

Tu mets ta Lisette aux abois ;
Que veux-tu, berger téméraire ?
Ah ! tu me fais perdre la voix ;
Volage, que prétends-tu faire ?
Tous mes sens en sont confondus ;
Mon cœur brûle, bat et soupire.
Ah ! finis donc ; je n'en puis plus.
Guillot, arrête : ah !...... Dieu ! j'expire.

Prompte à seconder ses désirs,
De notre amant l'ardeur nouvelle
Le porte au temple des Plaisirs
Que voudrait lui fermer la belle.
Il faut céder à son vainqueur ;
Vainement Lison se tourmente :
Guillot est maître de ton cœur ;
Ne résiste plus, faible amante.

Bergères , craignez les effets
Du destin qui frappa Lisette ;
Des bergers tendres et bien faits
Craignez la rustique musette :
En dansant l'on glisse bientôt ;
En tombant, la tête vous tourne :
De la musette de Guillot
Vous connaissez ce qui retourne.

SYLVANDRE.

FIN.

www.ingramcontent.com/pod-product-compliance
Lightning Source LLC
Chambersburg PA
CBHW060628100426
42744CB00008B/1548